ACADÉMIE DES JEUX FLORAUX.

ÉLOGE

DE

CLÉMENCE ISAURE,

Lu en séance publique le 3 mai 1877;

Par M. Louis NOËL,

Maître ès Jeux Floraux.

TOULOUSE
IMPRIMERIE Louis & JEAN-MATTHIEU DOULADOURE
Rue Saint-Rome, 39
—
1877

ACADÉMIE DES JEUX FLORAUX.

ÉLOGE

DE

CLÉMENCE ISAURE,

Lu en séance publique le 3 mai 1877;

Par M. Louis NOËL,

Maître ès Jeux Floraux.

TOULOUSE

IMPRIMERIE Louis & Jean-Matthieu DOULADOURE
Rue Saint-Rome, 39

1877

ÉLOGE

DE

CLÉMENCE ISAURE,

Messieurs,

Le nom seul de Clémence Isaure fait revivre tout un monde intellectuel dont elle fut la reine. A défaut de l'histoire, la vénération des peuples lui fait une douce légende. La saison fleurie qui ramène sa fête, est, dans son luxe printanier, l'emblème de son aimable influence. On ne sépare pas son image du charme enivrant des parfums et des fleurs. N'a-t-elle pas rassemblé autour d'elle un essaim bourdonnant de chanteurs, comme on voit les abeilles dans nos vergers former en voletant la blonde liqueur de leur miel?

Le souvenir que nous fêtons aujourd'hui est essentiellement populaire, et cette sympathie générale proteste contre l'ingratitude, vice trop commun chez les hommes : car, dans la répartition capricieuse de la célébrité, ceux qui charment ne font pas autant de bruit que ceux qui blessent ou qui tuent.

Clémence Isaure représente des types qui ne meurent pas : la vertu, la piété, le bel et bon esprit. Prêtresse du Beau, elle s'avance tenant en ses mains les symboles de cette langue harmonieuse que tout le monde ne parle pas mais comprend, parce qu'elle vibre et tressaille au fond des cœurs.

Depuis plus de quatre siècles, des phalanges de poëtes ont passé en saluant sa mémoire. Tous ceux que la perfection de la pensée attire se réunissent d'âge en âge, sous les plis de son écharpe. Ils paraissent dans ce tournoi poétique que son souvenir anime encore. Assidus à la célébrer, les poëtes l'ont faite si grande, ils l'ont placée si haut qu'elle ne peut désormais descendre dans un monde obscur.

La cité de l'art, des plaisirs délicats, des fêtes de l'esprit, Toulouse se pare du nom de Clémence Isaure. Trouverait-elle ailleurs un plus digne et plus charmant asile? Portez cette ravissante tradition dans une contrée brumeuse et froide, elle y sera étrangère, elle ressemblera à l'exilé regrettant sa patrie sur les bords de quelque fleuve glacé.

Dans une société chevaleresque, volontairement soumise aux jeux et aux œuvres de l'esprit, notre protectrice exerça une séduisante royauté sur les poëtes du Midi, plus doux à entendre que la troupe des chanteurs ailés cachés dans les bocages. — Les Troubadours, spirituellement ingénieux, avaient une poësie forte et neuve, expression du génie national. Les uns possédaient cet esprit vif, incisif et moqueur qui naquit avec le premier Gaulois, les autres cultivaient la poésie lyrique, fleur de la vie humaine, couronne de la victoire ou du cercueil ; plusieurs enfin avaient le don de peindre la sévérité des montagnes, le recueillement des vallées, la grâce d'un sentier fuyant sous les saules.

Les Troubadours, faisant résonner les violes d'amour, allaient de ville en ville: ils visitèrent Tarbes, assise dans sa fraîche plaine, à l'ombre de ses rocs d'argent; Montpellier que remplissent les traditions des Troubadours catalans, et les souvenirs tragiques de Guillaume de Cabestaing; Sarlat, patrie d'Elias Cairel, dont les poésies pénétrèrent en Grèce: Toulouse qui se glorifiait du nom d'Athènes des Gaules. Ils charmèrent Avignon, devenue aujourd'hui la capitale des félibres, centre d'une Académie de poëtes, dont les voix éclatantes, aidées par l'harmonie, ont entrepris de remettre en honneur la langue provençale. Ils adoucirent les rudes fils des Arvernes, ils furent applaudis par les habitants de Pau, de Béziers, de Nîmes, d'Arles, patrie de la rime riche, des épithètes sonores et de l'alexandrin musical.

Tous ces poëtes trouvèrent auprès de Clémence Isaure l'hospitalité généreuse, les éloges mérités, la confiance du cœur qui inspirent les bons sentiments et font naître les beaux vers.

Isaure tient à la fois au présent et au passé : au présent, par le caractère pratique et régulier de l'œuvre qu'elle a fondée ; au passé, par ses instincts et ses goûts. Elle nous offre un exemple de ces fortes vertus, guides de la volonté, compagnes de la sagesse, et qui semblent avoir été un privilége des temps antérieurs aux développements de nos civilisations modernes.

Elle vécut dans une atmosphère paisible, entourée d'âmes tendres unies sous un sceptre paternel. Douée de la candeur du beau, elle devait penser que le sophisme est absent de ce bas monde, de même que certains esprits angéliques se refusent à croire au mal et aux méchants. La délicatesse de sa foi se serait attristée de la fragilité de nos convictions, qui ne durent pas plus que l'insecte aux ailes d'azur qui naît le matin pour mourir le soir.

Si elle avait vécu de nos jours, n'aurait-elle pas éprouvé comme nous tous le dégoût exaspéré du monde équivoque, de ce réalisme brutal qui ôte à l'homme une âme, à l'âme ce Dieu qui a créé, pour faire supporter la terre, cette haute et délicate partie de notre nature où vivent les nobles instincts, et qui nous a infligé la mort pour faire regarder au delà du tombeau ? Oui, elle aurait protesté par son énergique douceur contre certains écrivains qui veulent déserter la cause de nos communes croyances et des progrès dont elles sont la condition première, pour ces doctrines que des esprits chimériques ont forgées dans le laboratoire de leur stérile orgueil !

Clémence Isaure, inclinée sur les pieds des crucifix d'or et devant les madones, tomba dans la mort, laissant un vrai trésor, image de son génie, un grand foyer de chaleur et de lumière. Que n'a-t-elle fixé ses impressions en des pages immortelles ? Comme Marguerite de Navarre, Louise Labé, gloire et orgueil de Lyon, comme Scudéri, Lafayette, Jacqueline Pascal, Sévigné, elle aurait enrichi le langage par la finesse aimable, l'humeur enjouée, la dextérité du tour, la bonne grâce des détails, les distinctions subtiles, les raffinements précieux.

Mais si elle n'a rien produit, elle a du moins fait éclore de belles œuvres, de même que la rosée répand des perles sur les fleurs ranimées ; quand on croyait l'idéaliser, on la prenait pour idéal, tant elle était le réveil, l'aurore, la vie, la poésie même.

Il faut, en France, toucher à l'hôtel de Rambouillet pour retrouver un tel prestige d'une femme sur la société polie. Comme Clémence Isaure, l'incomparable Arthenice sut attirer, grouper et retenir auprès d'elle des personnages qui, par leur condition, leur genre d'existence, seraient demeurés étrangers les uns pour les autres.

Plus tard, le dix-huitième siècle passionné pour les belles compagnies et les conversations spirituelles trouva, malgré son horizon plus retréci, l'atticisme et le charme dans les salons de Mmes Geoffrin, d'Houdetot et Suard.

Ces gracieuses influences devaient être d'autant plus fortes qu'elles étaient plus secrètes. On comprend bien l'empire triomphant de Clémence Isaure et sa destinée lumineuse, alors qu'on songe à Mmes d'Albany et de Staël, entourées d'hommes de talent et de science ; quand on pense surtout à Mme Récamier qui inspira autant d'amour que de respect.

Clémence Isaure eut par excellence les qualités de notre race, le goût du devoir, le sentiment du bien, l'énergie du prosélytisme, les dons rares et forts qui rehaussent le caractère français. — Chaque nation a ses tendances propres : l'une obéit à l'intérêt, l'autre à l'ambition : la France vit par le cœur. Voilà pourquoi elle doit rester la terre de la pensée et de la poésie qui naît et grandit semée par les vents du ciel, comme les chênes des forêts et les églantiers sauvages. Voilà pourquoi, malgré nos défaillances, le monde gravite autour de notre nation et en subit l'irrésistible ascendant : redoutable puissance qui engendre des obligations auxquelles il n'est pas permis de se soustraire sans péril.

Pour conserver cette suprématie, pour rentrer dans les voies droites et pures, il ne faut pas oublier que la force est un danger si l'idée ne vient l'ennoblir. Admirons, sans doute, ces prodiges de créations civiles, scientifiques, industrielles, qui transforment l'univers, qui multiplient l'œuvre divine par celle de l'homme; mais n'oublions pas d'honorer les intelligences qui se plaisent dans la sublime oisiveté de la contemplation. Elles sont au premier rang dans le royaume intellectuel; elles élèvent, elles perfectionnent, elles font grandir la civilisation, elles sanctifient la pensée qu'aucune géométrie ne mesure, qu'aucune algèbre n'exprime, qu'aucune chimie ne décompose, et qui proclame Dieu avec toutes les fiertés de la raison !

Au milieu de nos discordes civiles, la littérature ressemble à ces bois sacrés qui servaient de lieu d'asile aux anciens. Les tumultes de la place publique n'y ont point accès. Au dehors, on ne s'entend plus, les chemins s'écartent vers des camps opposés; au dedans, on peut parler la même langue et adorer les mêmes dieux. Les lettres éternellement jeunes restent, dans les temps difficiles, l'exemple, le conseil, l'autorité, c'est par elles que se conserve dans les peuples la vie morale avec le sentiment de la vraie grandeur.

L'Académie des Jeux Floraux, dévouée à toutes les saines pensées du temps et du pays, est restée fidèle à son origine, et son histoire est liée à l'histoire même des lettres. Attachée aux principes qui ont fait la splendeur française, elle veut, par le respect du passé dans les jours voilés que nous traversons, ne laisser pâlir, ne laisser périr aucune de nos gloires; elle veut maintenir cet ensemble d'idées, ces idées mères en vertu desquelles, dans le monde intellectuel comme dans le monde physique, tout est coordonné avec une suprême sagesse.

Au fond de toute question de littérature, il y a une question religieuse et sociale. Convenons-en, Messieurs, dans les écrits modernes, on rencontre trop souvent un art abaissé. Nos crises politiques n'ont-elles pas été les conséquences nécessaires de la licence qui depuis longtemps a envahi le domaine de l'imagination, grâce à l'absence de toute règle, au mépris de toute autorité, à l'indépendance de toute discipline ?

Mais écartant de tristes souvenirs, il vaut mieux, pour chacun de nous, se recueillir que céder au découragement, et, au lieu de s'asseoir sur les débris et les ruines du désert, il est plus sage d'y chercher sa route et de l'indiquer aux autres.

A vous, Messieurs, qui joignez à l'autorité de vos exemples, l'autorité du temps et des généreuses traditions, à vous de prévenir les naufrages, de signaler les écueils, en faisant briller les vérités éternelles dont vous êtes les gardiens et qui forment l'un des plus précieux patrimoines de notre nationalité.

Pour que la France ressaisisse son épée brisée,

pour qu'elle relève sa gloire, il faut que l'esprit enflammé pour les grandes choses soit porté par l'enthousiasme à sa suprême puissance; il faut, pour faire naître de belles idées, en propager le sentiment. Sachons aimer l'art véritable qui inspire le devoir, l'action, la responsabilité. Alors, la société couchée sur la poussière de tant de révolutions stériles pour les peuples sera régénérée. L'avenir pourra faire son appel. L'homme sera prêt à y répondre !

Et vous, Clémence Isaure, patronne de la poésie, mettez votre main sur nos cœurs pour y verser vos aspirations. Vous reliez à travers les siècles les morts aux vivants, vous nous enseignez par vos exemples, par les leçons des grandes âmes qui vous font cortége dans l'infini, que l'amour des lettres n'est point un goût frivole, mais, sous un autre nom, l'amour même de la justice, de la civilisation et de la vraie liberté.

Toulouse, Impr. Louis & Jean-Matthieu Douladoure

161

www.ingramcontent.com/pod-product-compliance
Lightning Source LLC
Chambersburg PA
CBHW070529050426
42451CB00013B/2931